BATARDE,

EXISTENCE D'HOMME EN CINQ PORTIONS.

IMPRIMERIE DE E. DUVERGER,
RUE DE VERNEUIL, N. 4.

BATARDI,

OU LE DÉSAGRÉMENT
DE N'AVOIR NI MÈRE NI PÈRE,

Existence d'homme en cinq Portions,

DE M. DUPIN,

REPRÉSENTÉE POUR LA PREMIÈRE FOIS, A PARIS,
SUR LE THÉATRE DES VARIÉTÉS, LE 30 MAI 1831.

Prix : 1 fr. 50 c.

PARIS.
J. N. BARBA, LIBRAIRE,
PALAIS-ROYAL, GRANDE COUR, DERRIÈRE LE THÉATRE-FRANÇAIS.
1831.

PERSONNAGES.	ACTEURS.
GROSLAI, marchand de bœufs.	MM. Alexis.
BATARDI, objet d'Adèle.	Lhérie.
OSCAR DUGIBET, garçon limonadier et auteur de mélodrame.	Astruc.
DELONGNEZ, vétérinaire, amant de madame Lascie.	Alphonse.
GOUJAT, gamin.	Adrien.
ADÈLE GROSLAI.	Mmes Pauline.
CLAIRE, sa sœur.	Herfort.
MADAME LASCIE.	Flore.
MADAME CANCAN, connaissance de madame Lascie.	Chalbos.
UNE SERVANTE D'AUBERGE.	Émilie.
UNE PORTIÈRE.	Jenny.
LA MÈRE MICHEL, femme de ménage. M.	Ledel.
Deux Commissionnaires.	
Invités.	

La première et la deuxième portions se passent rue d'Enfer, à Paris, dans la maison de Groslai.

La troisième, à Saint-Germain-en-Laye.

La quatrième, chez madame Lascie.

La cinquième, chez M. Groslai.

S'adresser, pour la musique, à M. Tolbecque, chef d'orchestre du théâtre des Variétés.

BATARDI,

EXISTENCE D'HOMME EN CINQ PORTIONS.

Première Portion.

Le théâtre représente une chambre faisant arrière-boutique chez Adèle. Il y a des rayons avec des rouleaux d'eau de Cologne. Une porte dans le fond à droite de l'acteur, et une fenêtre.

SCÈNE PREMIÈRE.

ADÈLE, MADAME LASCIE, CLAIRE.

MADAME LASCIE, *se disposant à sortir.*
C'est dit; j'emporte de votre magasin deux rouleaux d'eau de Cologne, vous mettrez ça sur mon compte. Ah! dites donc, ma petite Adèle, est-ce que vous avez eu la cocotte? vous avez les yeux battus. Il faut vous soigner, ma chère; vous pâlissez à vue d'œil, et vous fondez comme une omelette soufflée.

ADÈLE.
Mais non.

MADAME LASCIE.
Mais si. Je suis votre couturière et je connais votre mesure : prenez-moi une bonne tasse de chicorée le matin, c'est *testomachique*, avec une *déclotion* de coquelicot. Mettez-vous à la rhubarbe et au petit-lait...A propos de petit-lait, quand vous écrirez à vot' mari, monsieur Groslai, dites-lui de ne pas quitter son gilet de flanelle : il y a beaucoup de *gasteriques* cette année. Adieu, ma chère amie, bonne santé.
(*Elle sort.*)

ADÈLE.
Adieu madame Lascie.

SCÈNE II.

ADÈLE, CLAIRE.

CLAIRE.

O la bavarde!

ADÈLE.

Ma sœur, sais-tu pourquoi qu'elle a toujours la médecine à la bouche?

CLAIRE.

C'est parce que son amant est vétérinaire. Il y a six mois elle ne parlait que de soldats, de fortifications, de batailles, parce que son amant était dans les sapeurs-pompiers. Si quelque jour elle devient amoureuse d'un apothicaire, elle ne parlera plus que de...

ADÈLE.

Veux-tu te taire, mauvaise plaisante.

SCÈNE III.

ADÈLE, LA PORTIÈRE, CLAIRE.

LA PORTIÈRE, *une lettre à la main.*

Madame, c'est trois sous.

ADÈLE, *prenant la lettre et payant.*

Merci, la portière.

(*La portière sort.*)

CLAIRE.

C'est sans doute de ton mari?

ADÈLE.

Mon mari est pour son commerce à Poissy. Tu sais bien qu'il est dans les bœufs... Elle est timbrée de Paris... O ciel!

CLAIRE.

Qu'est-ce qu'il y a donc sur l'adresse?

ADÈLE.

Vois cette écriture.

CLAIRE, *lisant.*

A madame Adèle Groslai, rue d'Enfer... C'est de la bâtarde.

ADÈLE.

Vois ce cachet.

CLAIRE.

C'est du mastique.

ADÈLE.

C'est de lui.

CLAIRE.

Bah! de ce petit vitrier, qui dans le temps en tenait si fort pour toi!

ADÈLE.

Quinze jours avant mon mariage avec monsieur Groslai, il s'éloigna.

CLAIRE.

Il a voyagé pour son commerce. Peut-être a-t-il été chercher des verres en Bohême.

ADÈLE.

Il se moque bien des verres! mais si tu entendais sa prose!

CLAIRE.

Et pourtant il a été voir du pays sans toi.

ADÈLE.

Si j'avais été sa femme, il en aurait vu tout de même. Mais il faut qu'il ait eu des raisons plus fortes qu'une volonté d'homme. Quand j'étais demoiselle entourée de jeunes gens prépondérans et bien mis, de farceurs piquans et goguenards, si tu l'avais vu parmi eux, il avait l'air d'un âne qu'on étrille. Il me regardait avec des yeux...

CLAIRE.

C'est assez l'usage des jeunes gens.

ADÈLE, *lui montrant la lettre.*

Vois, en mettant cette adresse comme il tremblait.

CLAIRE.

C'est très mal écrit; et des pâtés!...

ADÈLE.

Tu en verras bien d'autres; lis, si tu peux.

CLAIRE, *ouvrant la lettre.*

C'est des pattes de mouche. (*Elle lit.*) « *Ou* vous m'aimez encore, *ou* vous m'avez oublié. Je viens de je ne sais où, je repars pour je ne sais où. Je voudrais vous voir avant... mais où?... Bâtardi. Ce 15 août...» (*s'interrompant.*) C'est un billet *doux!* Mais tu ne risque rien ; c'est un oiseau de passage.

ADÈLE.

Oui, mais quel oiseau! si tu savais comme il chante! Il est difficile de ne pas l'écouter ; et pendant que mon véritable époux est à Poissy, au milieu de toutes ses bêtes à cornes, je craindrais... Ah! une idée : à notre porte il y a des coucous qui partent pour Sceaux à chaque instant; mon garçon y est en nourrice; il y a long-temps que je n'y ai t'été. C'est une occasion... Bâtardi va venir, c'est à toi qu'il parlera.

CLAIRE.

Merci.

ADÈLE.

Air : *Tra la la.*

C'est bien peu, (*bis.*)
Que d'le r'cevoir en ce lieu ;
C'est bien peu, (*bis.*)
Et pour toi ça n's'ra qu'un jeu.
Tu l'écouteras pour moi,
Et tu n'craindras rien.

CLAIRE.

Pourquoi ?

ADÈLE.

T'as beaucoup d'vertu, je croi.

CLAIRE.

Je n'en ai pas plus que toi.

ENSEMBLE.

C'est bien peu, (*bis.*)
Que d'le r'cevoir en ce lieu ;
C'est bien peu, (*bis.*)
Et pour toi/moi ça n's'ra qu'un jeu.

SCÈNE IV.

CLAIRE, à *Adèle qui s'est enfuie.*

Adèle! Adèle!.. Pas moyen de l'arrêter. (*allant à la fenêtre.*) La voilà qui monte en coucou. (*criant.*) Ne te mets pas en lapin; ça secoue trop. Tu as une place de fond : prends garde de te chiffonner. Ah! mon Dieu! v'là l'coucou qui part au galop; ça n's'est jamais vu : le cheval prend le mors aux dents. Grands dieux! qu'est-ce ça veut dire? quel accident!

Air connu.

Arrête! arrête! cocher,
Car ma sœur est prise dans la portière;
Arrête! arrête! cocher,
Car ma sœur est pris' dans le marche-pied.

(*On entend dans la rue des voix qui crient.*)
Au secours!... au secours!

CLAIRE, *tombant sur une chaise.*

Ah!

SCÈNE V.

CLAIRE, ADÈLE, *entrant toute effrayée.*

ADÈLE.
Me voilà, ma sœur.

CLAIRE.
Je t'ai crue perdue!

ADÈLE.
Je ne le suis pas encore! il n'y a que mon sac... il est en canelle.

CLAIRE.
Qui?

ADÈLE.
Lui!... qui veux-tu qui se jette au-devant d'un coucou, si ce n'est lui?

LA PORTIÈRE.
V'là qu'on l'apporte.

SCÈNE VI.

LES MÊMES, LA PORTIÈRE, BATARDI; *deux commissionnaires l'apportent évanoui.*

ADÈLE.

Doucement... posez-le là... (*Elle retourne une chaise qu'elle appuie sur une autre, et fait déposer Bâtardi sur cette espèce de lit.*) Comme cela ! il aura le dossier pour se reposer...

CLAIRE.

Est-ce qu'il n'y a pas un médecin ou un chirurgien ?

LA PORTIÈRE.

V'là M. de Longnez, le vétérinaire.

SCÈNE VII.

LES MÊMES, LONGNEZ.

ADÈLE.

Accourez donc !...

LONGNEZ.

J'ai vu l'accident;... j'ai commencé par soigner le cheval, parce que c'est plus ma partie... maintenant je suis tout à l'homme !

ADÈLE.

Croyez-vous que ça lui ait fait bien du mal ?

LONGNEZ.

Je ne crois pas que ça lui ait fait bien du bien... cependant, il est fort heureux ! Il pouvait être déféré d'un œil... (*Il tâte le pouls à Bâtardi.*) D'abord il a une fièvre de cheval...

CLAIRE.

Ah ! pauvre bête ! (*se reprenant.*) je veux dire, pauvre homme...

LONGNEZ.

Je m'y connais... (*lui remuant la jambe.*) pas de jointure disloquée, pas de côtes enfoncées... le cheval est tombé sur lui, et ça l'a aplati.

ADÈLE, *vivement.*

Il n'est qu'aplati... grand dieu ! je te rends grace ! mes amis, retirons nous maintenant... il reviendra à lui quand ça lui sera plaisir.

Air: *Dormez donc, mes chères amours.*

Laissons-le seul dans ce local ;
Il faut l'soigner, mais c'est égal...
Si j'restais, ça s'rait immoral ;
Il est très bien pour quelqu'un qui se trouve mal.

TOUS, *à demi-voix en sortant.*

Laissons-le seul, etc.

SCÈNE VIII.

BATARDI, *évanoui;* ADÈLE, *rentrant par une porte de côté après que tout le monde est sorti.*

ADÈLE.

Ils me croient dehors... ils sont dedans ! le voilà !

BATARDI, *ouvrant les yeux sans voir Adèle.*

Air d'*Aristippe.*

Est-ce un rêv' qui vient me sourire ?
Ai-j' ma raison ou bien ai-j' le transport ?
Suis-je mort ? ou bien puis-je dire :
Petit bonhomme vit encor ?

ADÈLE, *à part.*

Petit bonhomme vit encor !

BATARDI.

Quand pour Adèle partout j'suis intrépide
Comm' le canich' fidèle et délicat,
Elle est pour moi comme l'angola perfide.

ADÈLE, *à part.*

Nous sommes donc comm' chien et chat !

BATARDI, *se retournant.*

Oh ! la, la !... (*Il referme les yeux.*)

ADÈLE.

Le v'là qui se révanouit ! (*Elle prend le pot à eau et lui en jette sur la figure.*)

BATARDI, *encore évanoui.*

Adèle !

ADÈLE.

Ne parlez pas.

BATARDI.

O extase ! délire ! fascination ! je rêvais de toi... et tu le vois, j'étais baigné de larmes !

ADÈLE.

Revenez de votre erreur, c'est de l'eau de ce pot d' *l'eau.*

BATARDI.

Au fait, mes larmes n'ont point ce goût-là... Elles sont amères comme chicotin, depuis hier que je t'ai quittée.

ADÈLE.

Hier ! vous battez la breloque. Il y a trois ans que vous m'avez quittée.

BATARDI.

Attendez, ça me revient... on jetait les hauts cris ! un coucou entraîné !... un cheval emporté !... je m'élance, je tombe... la voiture verse avec des femmes sens dessus dessous et deux lapins... puis après, tout a disparu dans un nuage de je ne sais pas quoi... j'ai espéré d'être tué.

ADÈLE.

Rassurez-vous, vous n'êtes que dangereusement blessé, monsieur.

BATARDI.

Monsieur... ah ! malheur à moi !... et moi aussi, je dirai madame ! je désapprendrai le prénom d'Adèle pour le nom de Groslai ! Madame Groslai, dire qu'il y a le malheur d'un homme dans ces deux mots-là !

ADÈLE.

Bâtardi !...

BATARDI.

Oui, c'est mon nom à moi !... je n'en change pas, moi, de nom... je ne suis pas comme les autres.

ADÈLE.

Calmez-vous.

BATARDI.

Je suis calme : le malheur a ses jouissances, le désespoir a ses plaisirs. Je m'amuse beaucoup en ce moment en voyant cette grimace sourieuse ; qui oserait dire que je ne suis pas heureux comme un ministre... (*Il la prend dans ses bras.*)

ADÈLE, *se dégageant.*

Ça n'est pas moi. Comme vous me serrez la taille!

BATARDI.

Je suis tout nerf: qu'un homme sur une place publique reçoive un coup de poing sur le nez, il éternue; les badauds lui disent: Dieu vous bénisse!... mais que le même homme, trompé dans ses affections les plus vivaces, vienne leur dire j'ai des peines de cœur, je souffre... et que le désespoir lui fasse faire la culbute, ils vont se mettre à rire... voilà ce monde infâme!...

ADÈLE.

Si vous vous rendez malade, on ne pourra pas vous transporter chez vous.

BATARDI.

Vous voulez donc me mettre à la porte?

ADÈLE.

Un peu! songez aux cancans!

BATARDI.

Toujours les cancans! et si j'étais à moitié mort?

ADÈLE.

Alors, je vous garderais, car j'aurais une excuse.

BATARDI.

Eh bien! je resterai... tiens... contre cette fenêtre.(*Il se frappe le front contre le coupant de la fenêtre, il se roule par terre et met des chaises sur lui.*)

ADÈLE, *effrayée*

Au secours! au secours!

(*Un rideau de nuage tombe, et l'on voit un écriteau.*)

ÉCRITEAU.

Avis au public. Le deuxième acte que vous allez voir se passe cinq jours après le premier.

Deuxième Portion.

Le théâtre représente une chambre. Une porte au fond, une de côté ; à gauche de l'acteur, des chaises.

SCÈNE PREMIÈRE.

CLAIRE, *entrant par la porte du fond*; ADÈLE, *arrivant par celle de côté.*

CLAIRE.
Adèle, je quitte Bâtardi.

ADÈLE.
C'est ce que tu peux faire de mieux.

CLAIRE.
Depuis cinq jours qu'il est malade dans l'arrière-boutique, tu n'as consenti à le voir que par le judas!

ADÈLE.
J'ai mes raisons : si l'on peut supposer que les chauchemars soient palpables et visibles, Bâtardi est mon chauchemar.

CLAIRE.
Il est vrai que c'est un être bien embêtant! il s'accroche à une femme comme un aveugle à une canne : il ne veut pas la lâcher... heureusement qu'il va s'en aller... mais avant il a un secret...

ADÈLE.
Il ne s'en ira pas... c'est moi, que je pars pour Poissy,... il le faut... je le veux... je le dois... Je dirai à mon mari: Groslai, tu as un trésor, il est à toi, à toi seul jusqu'à présent, c'est la vertu de ta femme; mais on veut mettre la main dessus... je te l'apporte... mets-la si tu veux dans ta poche, où tu voudras : n'importe!.. ça te regarde, je ne m'en mêle plus.

CLAIRE.
Tu perds la boule.

ADÈLE.

Air *de la Chaumière.*

Il faut que j' parte (*bis.*)
Cet homm'-là m'rest'rait sur les bras.
Ici je pourrais penlr' la carte ;
Pour qu' mon honneur ne parte pas,
Il faut que j'parte. (*bis.*)

Va faire mon paquet, et dans un quart d'heure, dans le célérifère... le voici... ne me laisse pas trop long-temps avec lui.

CLAIRE, *sortant.*

Je sais le temps qu'il faut. (*Elle sort par la porte de côté.*)

SCÈNE II.

ADÈLE, BATARDI, *entrant par le fond.*

ADÈLE.

Il paraît, monsieur, que vous êtes bien maintenant, car vous avez bon pied bon œil.

BATARDI.

Bon œil... cela dépend de la manière de voir.

ADÈLE.

Vous voulez me communiquer un secret?

BATARDI.

Oui, il s'agit d'une communication officielle... Écoutez, Adèle.

Air : *T'en souviens-tu?*

Parmi les noms qu' vous entendiez naguère,
Quand vous ouït's le nom de Bâtardi,
Jamais l'idée d' savoir le nom d' mon père
Ne vint s'offrir à votre esprit hardi?

ADÈLE.

Je l' croyais mort vot' pèr'...

BATARDI.

Quelle injustice !
Pour un grand dram' puisqu'on m'a fait tel quel,
Est-ce une raison, dit's-moi, pour qu'on périsse?

ADÈLE.

C' n'en est pas un pour qu'on soit immortel. (*bis.*)

BATARDI.

Je ne dis pas le contraire; mais comment ne vous êtes-vous pas demandé pourquoi, seul parmi toutes vos connaissances, je n'avais ni titre qui dispensât de profession, ni profession qui dispensât de titre... car vous sentez que mon état de vitrier ambulant n'est qu'un prétexte fragile pour ne pas être arrêté comme vagabond.

ADÈLE.

Comme vous n'êtes pas sur votre bouche, je croyais que la pose des carreaux suffisait pour vous nourrir.

BATARDI.

Je ne me nourris que de souvenirs affreux, et de douleurs amères.

ADÈLE.

Ça doit être indigeste!

BATARDI.

Je vous en réponds... et tout cela, parce que je suis bâtard... v'là le grand mot lâché.

ADÈLE.

Vous êtes un ba...

BATARDI.

Tard!... Adèle, vous comprenez la mélancolie, comme d'autres entendent l'anglais, l'italien, le chinois!... Aussi, comme nous nous entendions il y a trois ans! mais un marchand de bœufs vint vous offrir un nom... une fortune, ça me rappela que je ne possédais ni l'un ni l'autre; je vous demandai trois semaines de répit... un lumignon d'espoir me restait... J'allai trouver un individu chargé, je ne sais pas qui, de me jeter tous les ans de quoi vivre comme on jette de la mie de pain aux pierrots du Palais-Royal... je me mis à ses pieds pour qu'il me fit connaître mes parents; je le suppliai d'une telle force, que les basques de son habit y restèrent... mais voilà tout ce que je pus arracher de lui! Alors, je m'éloignai comme un fou, en criant à tous les passans: es-tu mon frère, toi?... et je n'obtins d'eux que cette réponse froide et insignifiante: c'est possible!

ADÈLE.

Cette année... les préjugés sont bien rococos. Maintenant, un enfant naturel est un homme ordinaire.

BATARDI.

Ah! si vous saviez comme à chaque instant il faut avaler des couleuvres!... Quelqu'un vient!

SCÈNE III.

ADÈLE, MADAME LASCIE, BATARDI, LONGNEZ.

ADÈLE.

C'est madame Lascie.

MADAME LASCIE.

Mes petits enfans, me revoilà.

LONGNEZ.

Comment va notre aplati?

ADÈLE.

Il se remplume... Le voilà qui se dispose à partir.

LONGNEZ.

Pourquoi, jeune homme, ne pas prendre une boutique, et vous fixer? Ces courses continuelles doivent déplaire à vos parens.

BATARDI.

Mes parens! ils y sont faits: demandez à madame qui les connaît.

ADÈLE, *voulant rompre l'entretien.*

Où portez-vous donc ce paquet?

MADAME LASCIE.

Ce sont des layettes que je porte aux enfans trouvés.

BATARDI, *vivement.*

Aux enfans trouvés?

MADAME LASCIE.

J'en ai été chargée par le bureau de bienfaisance de mon arrondissement. Veux-tu venir avec moi?

ADÈLE, *vivement.*

Non.

BATARDI.

J'aurais été de la partie; (*grinçant des dents.*) ça m'aurait fait rire.

MADAME LASCIE.

Je sais bien qu'on n'aime pas à voir des enfans trouvés... Mais on a le plus grand soin de tous ces petits gamins : on les nourrit, on les fouette comme des enfans naturels.

BATARDI.

On voit bien, madame, que vous ne sentez pas...

ADÈLE.

Je les plains, tout plein!

MADAME LASCIE.

Moi, pas!... ce sont des petits gueux!

BATARDI.

Des gueux! Mais enfin, madame, ainsi que les autres, ils sont susceptibles de grandir, ils acquièrent une volonté d'homme, ils peuvent avoir pour le sexe un coup de toupet.

Air : *Vaudeville du Mariage à la Hussarde.*

Si l'un d'eux, vous livrant son ame,
Allait vous aimer par hasard!

MADAME LASCIE.

Un' femm' ne peut, sans qu'on la blâme,
Accepter cet hommage bâtard.

BATARDI.

Quell' perspective! ah! plus de doute!...
L'enfant trouvé, dans l'occasion,
Ne pourrait pas trouver un' croûte,
A moins qu'il n'aill' voir le salon.

Il ne lui reste que la rivière... je suis au courant. Il est frais le Bâtard! Ah! celui qui a du sang dans les veines doit se mettre du plomb dans la tête! Et l'idée de se détruire me paraît une création sublime!...

MADAME LASCIE.

Ce jeune homme a beaucoup d'esprit; il parle avec une chaleur!... n'est-ce, pas monsieur le vétérinaire?

LONGNEZ.

Je crois qu'il a le vertigo.

MADAME LASCIE.

Je pars, mon excellente Adèle... je ne vous dis pas adieu... Tous les dimanches je donne un cidre avec des échaudés... Monsieur Bâtardi, l'ami des enfans trouvés, comme vous êtes sujet aux absences, je ne vous invite pas; mais si par hasard vous êtes à Paris, monsieur le vétérinaire vous amènera... ou plutôt, vous êtes assez grand pour venir seul; au revoir. Il est toujours aussi embêtant. Adieu, mes petits enfans. (*à Bâtardi.*) Ah! vous pouvez amener vos père et mère. (*Ils sortent par le fond.*)

SCÈNE IV.

ADÈLE, BATARDI.

BATARDI.
Eh bien! en ai-je avalé?
ADÈLE.
Que cette femme m'a fait bisquer!
BATARDI.
Tous les jours j'ai de ces avanies-là.
ADÈLE.
Ça finira... et vous serez infiniment heureux... tous les bâtards le sont.
BATARDI.
Ça commence drôlement.
ADÈLE, *s'assied.*
Enfin, Bâtardi, tu n'es pas si à plaindre, car je t'aime.
BATARDI.
Oh!... qu'as-tu dit?...
ADÈLE.
Je t'aime!
BATARDI.
O mot... qui tombe des nues, et qui me fait l'effet d'une tuile qui fracasse ma tête d'homme! (*On entend sonner l'heure.*)
ADÈLE.
Bâtardi... le coucou sonne: c'est neuf heures.
BATARDI.
Et que m'importe!... j'entendrais la trompette du jugement dernier à côté de toi, qu'elle me ferait l'effet de la petite flûte de monsieur Tulou.

ADÈLE.
Bâtardi! il est temps de tirer vos guêtres.

BATARDI, *aux genoux d'Adèle.*
O mon Adèle! je les ai tirées assez long-temps mes guêtres... regarde dans quel état elles sont! Nous sommes raccommodés... elles ont besoin d'être comme nous.

ADÈLE.
O homme indéchiffrable! tu tires parti de tout.

SCÈNE V.

ADÈLE, BATARDI, CLAIRE *avec un paquet.*

CLAIRE; *elle tousse pour avertir.*
Hein, hein.

ADÈLE.
Quelqu'un!... séparons-nous.

BATARDI.
C'est donc pour nous réunir bientôt?

ADÈLE.
Oui.

BATARDI.
Quand?

ADÈLE.
Quand?

BATARDI.
Oui, quand?

ADÈLE.
Quand?... demain... non; plutôt plus tard.

BATARDI, *en sortant.*
J'y compte.

SCÈNE VI.

ADÈLE, CLAIRE.

CLAIRE.
Tout est prêt.

ADÈLE.
Alors, en route! Ma sœur, voilà pourtant un homme que j'ai trompé.

CLAIRE.

Est-ce que tu regardes à ça, toi?

ADÈLE.

Quel cœur d'homme! (*Elle tire une lettre de son sein.*) Tiens, tu lui remettras cette lettre de ma part.(*Elle lit.*) «Monsieur, pour être folle d'un homme comme vous, il faut avoir perdu la tête. Vous n'êtes ni beau, ni aimable, ni honnête. Vous savez que je suis mariée, et vous persistez à intervenir dans mon ménage; je vous fuis donc comme un scélérat et un gredin que vous êtes. J'ai l'honneur d'être avec la plus parfaite considération, etc., etc.»

CLAIRE.

Elle est tapée, mais elle est sèche.

ADÈLE.

C'est pour le mettre tout de suite au désespoir, et ne pas le faire languir. Je t'embrasse.

(*Elle sort avec un paquet.*)

CLAIRE.

O ma sœur, que ton cœur est cocasse et fabuleux!

(*Le rideau de nuage tombe.*)

ECRITEAU.

Avis intéressant: Le troisième acte que vous allez voir se passe la nuit suivante.

Troisième Portion.

Le théâtre représente une chambre d'auberge. Un lit et une table à droite de l'acteur; une croisée dans le fond, et une porte à gauche; porte au fond.

SCENE PREMIERE.

BATARDI *entrant par le fond*, LA FILLE *occupée à balayer*.

BATARDI.
La fille! laisse là ton balai de femme, et viens me parler.

LA FILLE.
Monsieur demande une chambre?

BATARDI.
Oui, mais j'en veux une bonne, si c'est possible.

LA FILLE.
On tâchera de vous contenter.

BATARDI.
Je suis à Saint-Germain?

LA FILLE.
En Laye.

BATARDI.
Elle me dit ça parce que je suis bâtard. Le célérifère de Paris n'est pas encore arrivé?

LA FILLE.
Il n'arrive qu'à dix heures.

BATARDI.
Bon; je l'ai devancé. Merci mes jambes d'hommes. Le célérifère ne va pas jusqu'à Poissy?

LA FILLE.
Jamais; et les voyageurs qui arrivent à cette heure sont forcés de passer la nuit ici.

BATARDI.
Fameux!

LA FILLE.
Monsieur couche?
BATARDI.
Est-ce que tu crois que je pêche?
LA FILLE.
C'est qu'il ne nous reste plus que deux lits; celui-ci, et celui qui est dans cette pièce.
BATARDI.
Je les prends tous les deux. Tiens, voilà cinq francs. Cependant, s'il se présentait par hasard du sexe, j'en céderais un...
LA FILLE.
Vous ne pouvez pas coucher dans deux lits.
BATARDI.
Silence; c'est mon système d'homme. J'ai vu à la porte un gamin, donnez-lui un petit verre, et envoyez-le-moi.
LA FILLE.
Ah! c'est le petit goujat qu'on a surnommé l'enfant de trente-six pères.
BATARDI.
Il est bien heureux d'en avoir trente-six.
LA FILLE.
Ça suffit.

(*Elle sort.*)

SCÈNE II.

BATARDI, *seul.*

J'espère que ça marche; et je n'ai plus du tout l'air d'avoir été malade.(*Il se tâte.*)Tout ça est en bon état.

SCÈNE III.

BATARDI, GOUJAT.

GOUJAT, *entrant.*
Me v'là, not' bourgeois.
BATARDI.
Gamin, puis-je compter sur toi?

GOUJAT.

Jusqu'à la concurrence d'un petit verre.

BATARDI.

Tu connais monsieur Groslai?

GOUJAT.

Le riche marchand de bœufs de la rue d'Enfer?

BATARDI.

Il est depuis quelque temps pour son commerce à Poissy.

GOUJAT.

Pendant que sa femme fait des farces à Paris.

BATARDI.

Tais-toi, ou je te calotte. Voilà quinze francs.

GOUJAT, *va pour sortir.*

Merci.

BATARDI, *l'arrêtant.*

Il m'emporte mon argent parce que je suis bâtard. Attends donc: tu vas partir à l'instant pour Poissy; tu te mettras aux trousses du marchand de bœufs; tu retourneras ta veste, pour qu'il ne te reconnaisse pas, et tu resteras sur ses talons, un, deux, trois, quatre, cinq, six, sept, huit, neuf, dix, onze, douze, treize, quatorze, quinze jours; et dès qu'il sera pour se mettre en route, tu fileras vers Paris pour me prévenir de son arrivée. Autant de quarts d'heure que tu auras d'avance sur lui, autant de pièces de trente sous qui tomberont dans ta poche.

GOUJAT.

Je vous avertirai joliment d'avance!

BATARDI, *à Goujat.*

Prudence! vigilance, intelligence!

GOUJAT, *s'enfuyant.*

Et récompense!

SCÈNE IV.

BATARDI, *seul.*

Maintenant étudions les êtres. (*ouvrant la porte à gauche et regardant.*) C'est bien vilain par-là. (*revenant.*) Ici, passe... Le lit est un peu dur. Mais comment parvenir... On mettra le verrou. (*allant à la fenêtre.*) Une terrasse qui communique à l'autre cabinet... Les bâtards sont heureux!... à demain! disait-elle. Et moi qui donnais dedans... M'a-t-elle fait d'amitié! moi, qui croyais savoir lire dans le sourire des femmes! Elle va faire des quolibets, entre deux baisers, avec son mari, sur le bâtard Bâtardi. Jarnicoton! (*Il frappe avec son couteau sur la table.*) Il est bien bon mon eustache! O Adèle! bonne lame!

Air : *On dit que je suis sans malice.*

Je croyais maintenant qu'en France
On n'voulait plus de différence :
Bâtard, légitim', laids ou beaux,
J'croyais qu'nous étions tous égaux.
Voyez pourtant comme on se trompe!
Jamais on ne vit tant de pompe.
Pour nous rendr' propr's, on change enfin
La plac' Vendôme en sall' de bain.

Ah! j'ai besoin de tenir ma tête d'homme dans mes deux mains pour être bien sûr qu'elle n'est pas égarée. Et dire qu'une résolution d'un moment finirait des tourmens qui n'en finissent pas. Adèle, je suis froissé! tu seras froissée aussi. (*On entend des coups de fouet.*) J'entends claquer un fouet, c'est le célérifère. Ah! si je me jette encore devant la voiture, ça ne sera pas pour t'empêcher de verser! au contraire. (*regardant par le fond.*) Je la vois! elle passe par la porte où j'ai passé; il n'y en a pas d'autre. J'entends sa voix; cette voix qui me disait : à demain matin! Eh bien! ce matin est arrivé... c'est ce soir! je suis au rendez-vous.

SCÈNE V.

BATARDI, LA FILLE.

LA FILLE, *accourant.*
Monsieur, il y a là une bourgeoise qui demande à cher.

BATARDI.
Je connais la galanterie française... je lui cède

cette chambre. (*à part.*) La voilà dans de beaux draps !
LA FILLE.
Monsieur sera très bien de l'autre côté pour dormir.
BATARDI.
Dormir ! (*à part.*) Prends garde de le perdre. (*haut.*) Je fermerai ma porte à double tour ; la particulière mettra le verrou : nous serons chacun chez nous.
LA FILLE, *à la porte.*
Montez, ma petite dame.
BATARDI, *à la porte de la chambre.*
Je la tiens.

(*Il rentre.*)

SCÈNE VI.

ADÈLE, LA FILLE.

LA FILLE.
Voilà votre chambre.
ADÈLE.
Comment, il n'y a pas moyen de partir ce soir pour Poissy ?
LA FILLE.
A moins que vous ne partiez à pied.
ADÈLE.
Par exemple ! ça serait du joli... Dites-moi, la fille, vous êtes femme ! je puis tout vous dire : je suis pressée... je veux partir tout de suite... je n'ai donné rendez-vous à personne ; mais dans une auberge on ne sait pas ce qu'il peut arriver.
LA FILLE.
Il ne nous arrivera rien ici, foi d'honnête fille !
ADÈLE.
Ça n'empêche pas que j'ai peur.
LA FILLE.
Il y a un voyageur qui couche là à côté ; ainsi vous pouvez être tranquille.
ADÈLE.
Vous croyez donc qu'une vertu de femme et une femme de vertu sont en sûreté ?

LA FILLE.

Il n'y a jamais eu d'accident. D'ailleurs, madame sonnera. Bonne nuit.

ADÈLE.

Dites donc, la fille ! elle ne ferme pas votre chambre à coucher.

LA FILLE

Vous mettrez les verroux.

SCÈNE VII.

ADÈLE, puis BATARDI.

Allons ! je ne verrai mon mari que demain ; encore une nuit sans lui... c'est autant de gagné. Il va demander ce que je viens faire à Poissy... Si je lui dis que c'est que je crains d'en aimer un autre, c'est comme si je lui disais que je ne l'aime plus, et il me répondra qu'il ne fallait pas me déranger pour ça... Mon Dieu ! mon Dieu ! quand je pense qu'il y a six jours je dormais comme une marmotte toutes les nuits ; je n'avais pas l'agitation du plaisir, mais j'avais l'assoupissement du bonheur ; chaque aujourd'hui ressemblait à chaque hier... Mais comment font donc toutes les femmes qui ont des connaissances ? Ah ! c'est qu'elles ne sont pas courtisés par un Bâtardi. Ses cheveux sont des flammes du Bengale, sa figure un brasier ardent, ses bras deux tuyaux de poêle tout rouges, et quand un pareil homme s'approche de vous, pour ne pas se laisser enflammer il faudrait être la femme incombustible... et je ne la suis pas... Ah ! j'ai entendu remuer dans cette chambre. (*Elle ferme le verrou et va s'asseoir sur le lit.*) Et dire qu'un préjugé, qu'un mari vous empêchent d'écouter un pareil homme !.. Avec lui les journées, les heures, les minutes auraient été sans secondes ; toutes les semaines, nous aurions passé quinze jours à la campagne. (*Bruit d'un carreau cassé.*) On casse les vitres.

BATARDI, *qui entre par la fenêtre.*

C'est le vitrier... Je les remettrai !...

ADÈLE, *douloureusement.*

Ma vertu !...

BATARDI.
Elle restera sur le carreau. Pierre, au rideau!
(*Il la saisit et lui met un mouchoir sur la bouche pour l'empêcher de crier.*)

(*Le rideau de nuage baisse.*)

ECRITEAU.

Avis indispensable pour comprendre : le quatrième acte que vous allez voir se passe trois mois *après le second.*

Quatrième Portion.

Le théâtre représente la chambre de madame Lascie. Une porte au fond.

SCÈNE PREMIÈRE.

MADAME LASCIE, LA MÈRE MICHEL.

MADAME LASCIE.
Mère Michel... tout est-il prêt dans l'atelier pour notre soirée?... je vas recevoir le monde ici, et nous irons danser et prendre le cidre de l'autre côté. Hein! quel genre! Où est donc monsieur Dugibet?

MÈRE MICHEL.
Il est retourné à son café pour chercher des échaudés et des morceaux de sucre.

MADAME LASCIE.
Il est littéraire des pieds à la tête ce garçon-là... Ah! le voilà.

SCÈNE II.

MADAME LASCIF, DUGIBET. (*Il apporte des échaudés et un sac de sucre, et les remet en entrant à la mère Michel.*)

DUGIBET.
Mère Michel!... voici pour garnir le buffet... mettez ça en évidence, et n'en mettez pas dans vos poches.

(*La mère Michel sort par la gauche de l'acteur.*)

MADAME LASCIE.
Comme il connaît le cœur humain!

DUGIBET.
Charmante faiseuse de corsets... appui breveté de la nature... c'est ce soir mon jour de sortie, ainsi, je suis à la disposition de vos charmes jusqu'à demain.

MADAME LASCIE.
Voilà de l'exactitude!

DUGIBET.
Je suis exact comme un billet de répétition... jamais je ne dépasse le quart; sans cela, pourrais-je m'en tirer?... Garçon limonadier et littérateur, pourrais-je cumuler la fourniture des mélodrames et la confection des bavaroises? Toute la journée je verse des demi-tasses, et le soir je broie du noir... voilà mon existence... le jour je fais vivre, et la nuit j'assassine!...

MADAME LASCIE.
Vous avez plus d'esprit que vous n'êtes gros... Reconnaissez-vous cette robe?

DUGIBET.
Elle est absolument couleur d'écrevisses... elle vous va très bien.

MADAME LASCIE.
Méchant!... c'est celle que j'avais la première fois que j'entrâtes dans votre café.

DUGIBET.
Vrai!... elle est très bien conservée.

MADAME LASCIE.
Mais petit monstre, vous ne m'aimez donc pas? moi, qui étais si contente d'avoir un amant qui faisait des mi-

lodrames... je m'attendais à être aimée, persécutée et récompensée comme l'innocence et la vertu.

DUGIBET.

Ça ne vous conviendrait pas du tout, à une bonne réjouie comme vous! et vous vous apercevriez bientôt qu'avaler du poison ou recevoir des coups de poignard peut flatter un moment l'amour-propre d'une femme, mais qu'à la longue ça devient fatigant.

MADAME LASCIE.

Voilà la société... faites de l'esprit, ça me rendra fière.

DUGIBET.

Je parlerai.

SCÈNE III.

LES MÊMES, MADAME CANCAN, LONGNEZ, ADÈLE, BATARDI, MÈRE MICHEL, INVITÉS. (*Ils arrivent successivement, la mère Michel annonce.*)

MÈRE MICHEL.

Monsieur Legras!... monsieur Lesec, monsieur et madame Leblanc, monsieur Lenoir, madame Lebeau, monsieur Levilain!...

DUGIBET.

Il y en a pour tous les goûts!

MÈRE MICHEL.

Madame Cancan!

MADAME LASCIE, *à part*.

La distillateuse!... c'est la cancannière la plus méchante du quartier. (*allant au-devant d'elle.*) Arrivez donc, ma bonne!

MADAME CANCAN.

Ah! vous me rendez justice aujourd'hui.

MÈRE MICHEL.

Monsieur Longnez!

DUGIBET, *à madame Lascie*.

Vous avez engagé le vétérinaire!...

MADAME LASCIE.

Quelqu'un peut se trouver incommodé.

MADAME CANCAN.

D'ailleurs, c'est votre ancien, et nous aurons ce soir jadis et aujourd'hui.

MADAME LASCIE.

Langue piquante!

LONGNEZ, *à Dugibet*.

Eh bien! mon brave, comment vont les mélodrames?

DUGIBET.

Aussi vite que les chevaux.

LONGNEZ.

Les pommes cuites donnent-elles toujours?

DUGIBET.

Les pommes sont tombées, mais on reçoit encore de temps en temps le coup de pied de l'âne!...(*à part*.) Attrapé!

LONGNEZ, *à part*.

Il est vexé!

MÈRE MICHEL.

Madame Adèle de Groslai!

MADAME CANCAN.

La marchande d'eau de Cologne...(*à part*.) je ne peux pas la sentir.

MADAME LASCIE, *allant au-devant d'Adèle*.

Que vous êtes aimable, ma chère Adèle! venez donc vous *assir*. (*Elle la fait placer à sa droite*.) Je vous présente M. Oscar Dugibet... le littérateur en question.

ADÈLE, *à Dugibet*.

Monsieur, je n'ai pas vu votre dernière belle pièce.

MADAME LASCIE.

Nous irons *ensemble*. Il nous donnera un billet gratis avec lequel nous entrerons sans payer.

MÈRE MICHEL.

Monsieur Bâtardi!

(*Tout le monde chuchotte en voyant entrer Bâtardi*.)

BATARDI.

Je le disais bien que je passais ma vie entre des chu! chu! chu!... Quelle existence d'homme!

ADÈLE, *pour cacher son trouble, adresse tout haut la parole à Dugibet*.

Dans ce moment, monsieur Dugibet, faites-vous du neuf?

DUGIBET.

J'en fais toujours, madame; je ne travaille pas dans le vieux... la carrière maintenant est si vaste!

Air : *Foulant par ses œuvres nouvelles.*

Pour mes ouvrages plus de gêne,
Par rien nous ne sommes arrêtés ;
Aussi les auteurs sur la scène
Prennent beaucoup de libertés.
De dire tout avec hardiesse
Ils prenn'nt la liberté galment.

BATARDI.

Ils devraient bien prendre à présent
La liberté d'faire un' bonne pièce.

DUGIBET, *prenant une chaise et tournant le dos au public.*

C'est justement la liberté que je veux prendre.

BATARDI.

Il me tourne le dos, parce que je suis bâtard ; mais monsieur, ce n'est pas décent ce que vous faites là.

DUGIBET *se lève et met la chaise de côté.*

J'ai remarqué que dans mes pièces, lorsque je faisais fusiller le père, ou couper la tête à l'amant, les spectateurs, à la fin de l'ouvrage, sortaient tous avec l'idée pénible que cela n'était qu'une fiction. Pour remédier à cet inconvénient et porter le pathétique au plus haut degré, selon le goût du jour, moi, et un autre gens de lettres de mes amis, nous sommes en instance devant la Cour d'Assises pour obtenir de véritables criminels, dont le supplice aura lieu sur la scène.

TOUS.

Charmant ! charmant !

MADAME CANCAN.

Eh bien ! moi, si je faisais des pièces, je n'irais pas chercher midi z'à quatorze heures... je mettrais *tout z'uniquement t'un* jeune homme qui serait resté fidèle à une belle pendant trois ans... un miracle ; ensuite je mettrais *t'une* femme vertueuse s'enfuyant z'avec cet amour d'homme, et je ferais passer la scène dans un cabaret... de Saint-Germain-en-Laye.

BATARDI.

C'est mon histoire, avec des variations... (*à madame Cancan.*) Madame, avez-vous ici un mari, un frère, un parrain ?

MADAME CANCAN, *balbutiant.*

Je n'ai que mes socques que j'ai laissé sur l'escalier.

BATARDI.

Articulez mieux.

MADAME CANCAN.

Monsieur, je suis t'essoufflée!

BATARDI.

Eh bien donc! injures au lieu de degelée... moi!... Messieurs les gens de lettres, je mettrais en scène une femme toujours innocente quand même... une femme que le monde, en partie composé de ganaches, ne sait point apprécier... De l'autre côté de cette femme candide quand même... je mettrais une de ces commères qui portent un éventail d'un pied et demi de long, et qui derrière ce même éventail, mènent une conduite qui scandalise toute l'Europe; j'entourerais la femme candide d'égards, et je n'attendrais pas la fin de la pièce pour faire mettre la commère à la porte... Mais c'est assez parler littérature... si l'on dansait un cancan?

LONGNEZ.

J'aimerais une galope.

MADAME CANCAN, *se levant.*

Adieu, madame Lascie.

MADAME LASCIE.

Vous partez déjà!

MADAME CANCAN.

Après z'une scène comme ça on en a t'assez!

(*Elle sort très en colère.*)

ADÈLE.

J'ai fait une bêtise d'être venue ici...

MADAME LASCIE, *à Adèle.*

Ne faites pas l'enfant... pour un mot!...

ADÈLE, *pleurant.*

Mais je ne lui disais rien à cette femme! est-ce que vous croyez ce qu'elle vient de dire?

MADAME LASCIE.

Je ne le crois pas... (*à part.*) J'en suis sûre. (*haut.*) Allons, passons dans la chambre du bal.

TOUS.

Allons! allons!

CHŒUR.

Air de Fra Diavolo.

Par le plaisir et la danse,
Mes chers amis, égayons
Une trop courte existence
Et des jours qui sont trop longs.

(*Chacun sort avec sa dame; Adèle, Bâtardi restent seuls.*)

SCÈNE IV.

BATARDI, ADÈLE.

ADÈLE, *se croyant seule.*

Mais je ne lui disais rien à cette femme!... (*apercevant Bâtardi.*) Je ne vous en veux pas, Bâtardi.

BATARDI.

Je sais que vous n'avez pas de rancune.

ADÈLE.

Je vous avais bien dit qu'on ne pouvait rien cacher à une société qui a des yeux et des oreilles... La chute de la vertu est comme la chute d'un rouleau d'eau de Cologne, on ne peut la dérober à la médisance qui a le nez aussi fin que long... Il me semble que je les entends ici à côté se dire en ricanant : c'est son objet.

BATARDI.

Si là on ose te noircir, le ciel te blanchira! c'est moi seul qui suis un voleur de cœurs; tu ne m'as rien offert, et si l'on dit de toi... c'est son objet... tu peux dire c'est un objet de pris.

ADÈLE.

Mais j'li disais rien à cette femme.

BATARDI.

Ma chère amie, c'est la troisième fois.

ADÈLE.

Mais si je le dis bien?

BATARDI.

Alors va encore.

ADÈLE.

Bâtardi !... une idée extravagante et épouvantable me met Martel en tête... une fois ou deux peut-être t'es-tu pris à part, et t'es-tu dit : elle a jeté son bonnet par-dessus les moulins pour moi ; donc elle aurait pu le jeter pour un autre ?

BATARDI.

Le diable m'emporte si j'y ai jamais pensé !

ADÈLE.

C'est alors, toi aussi tu pourrais dire : c'est mon objet.

BATARDI.

Non, non. Tu es mes yeux, mes bras, ma tête ; tu es moi, tu es mon tout...

ADÈLE.

Si M. Groslai, mon époux, mourait d'une apoplexie foudroyante, que ferais-tu ?

BATADI.

Je le ferais enterrer.

ADÈLE.

Mais après... m'épouserais-tu ?

BATARDI.

Je t'en réponds.

ADÈLE.

C'est assez... ah ! merci !... que ça fait de bien ! il me reste donc le ciel et toi... voilà le principal, je me moque du reste... car, je crois en ta voix !... Quand tu parles, mes cris se changent en soupirs, mes chagrins se métamorphosent en joie, mes sanglots en éclats de rire, (*se laissant aller sur lui.*) et je ne pense plus à rien.

BATARDI, *la serrant tendrement.*

Pense toujours de même.

ADÈLE.

Ah ! je suis dans les espaces imaginaires !...

BATARDI.

Tu es à Bâtardi.

SCÈNE V.

BÂTARDI, MADAME LASCIE, *entrant et séparant Adèle et Bâtardi; Adèle se sauve par la gauche.*

BÂTARDI.

Madame Lascie !... encore !...

MADAME LASCIE.

Je suis fâchée de vous déranger dans ce moment ici, mais c'est pour quelque chose de conséquent. Il y a un gamin tout couvert de poussière qui veut ne parler qu'à vous. Il dit qu'il s'agit de pièces de trente sous par quart d'heure.

BÂTARDI.

Ciel ! si c'était... j'ai la venette... Au nom de votre père, dites à Adèle, à madame Groslai, de venir... cherchez-la dans tous les coins et recoins.

MADAME LASCIE.

J'y vas... (*au goujat.*) Entre, gamin ! (*Elle sort.*)

BÂTARDI.

Pourquoi que tu reviens ?

GOUJAT.

Le marchand de bœufs est parti de Poissy à huit heures; il a mangé un morceau à Saint-Germain, et je le devance d'une demi-heure... c'est trois francs !

BÂTARDI.

J'ai bien le temps ! (*criant.*) Adèle ! Adèle !

MADAME LASCIE, *rentrant.*

Elle vient de s'en aller.

BÂTARDI.

Eh bien ! si elle retrouve sa maison, elle est perdue.

GOUJAT, *à Bâtardi.*

Et mes trois francs ?

BÂTARDI.

Va-t-en au diable. Je suis perdu.

GOUJAT.

Tout est perdu (*Ils se sauvent tous les deux, et ma-*

dame Lascie reste en scène. Le rideau de nuage baisse, et l'on voit un écriteau.)

ECRITEAU.

Total des entre-actes. Le cinquième acte que vous allez voir se passe dix minutes après le quatrième, et trois mois, cinq jours, une nuit, dix minutes après le premier, sans compter les trois ans d'absence de Bâtardi, ce qui constitue une existence d'homme qui ne doit pas aller loin.

Cinquième Portion.

Le théâtre représente la même décoration qu'à la première partie.

SCÈNE PREMIÈRE.

ADÈLE, *entrant précipitamment.*

Allez donc en soirée pour vous amuser!... je n'ai pas seulement dansé une contredanse, et madame Lascie!... quelle scie! elle entre justement au moment où j'étais pendue au cou de mon même!... c'est du guignon!... Faut-il qu'une femme qui n'a jamais eu qu'une pauvre petite connaissance, et encore, comment... ne soit pas mieux vue que celle qui en change comme de collerette... ô Bâtardi!... Bâtardi! quand le ciel te donnera-t-il donc un rhumatisme dans les jambes pour t'empêcher de me poursuivre ainsi!...

SCÈNE II.

ADÈLE, BATARDI; *il entre d'un air égaré.*

BATARDI.

Adèle! c'est moi!...

ADÈLE.

Encore! vous ici... à dix heures trois quarts! sous le toit de mon mari!.. Ah! si j'ai égaré l'estime du quartier, ne me faites pas rougir devant notre femme de ménage...

BATARDI, *d'un air sombre.*

Elle doit être couchée... Adèle!

ADÈLE.

On m'a fait ce soir des sottises, vous venez savoir comment j'ai avalé ça! c'est passé... allez-vous-en.

BATARDI.

Adèle, il faut remettre votre chapeau... et venir faire un tour avec moi.

ADÈLE.

Faire un tour avec vous?

BATARDI.

A l'instant.

ADÈLE.

Vous êtes fastidieux à la fin.

BATARDI.

Écoute! si je te disais : Adèle, le plancher va crouler, le tonnerre est en train de tomber sur la maison, tu aurais encore plus de temps à perdre... décampons. (*Il la prend par la main pour la forcer à sortir.*)

ADÈLE.

Et si tu emploies ta force d'homme contre ma faiblesse de femme, je crie au feu, d'abord.

BATARDI.

Eh bien! puisque tu fais tant la bégueule ce soir, apprends que le marchand de bœufs sera ici dans dix minutes.

ADÈLE.

Mon mari!... *Mais je suis perdue, moi!*

BATARDI.

Nous avons encore huit minutes.

ADÈLE.

Mais il ne devait revenir qu'à la mi-août, ce vilain matou-là.

BATARDI.

On l'aura averti de tes coups de canif.

ADÈLE.

Quelle position !

Air *du premier Prix*.

Je n'voulais pas fair' comm' ces femmes
Qui prennent des amans partout,
Encor bien moins comme ces dames
Qui n'en veul'nt pas avoir du tout ;
Oui, je voulais marcher sans peine
Entre ces deux écueils.

BATARDI.

Bon Dieu!
O femm's, vous voyez où nous mène
Le systèm' du juste milieu !

J'ai un fiacre jaune à l'heure... Partons pour la Belgique...

ADÈLE.

Partir ! et mon petit ?

BATARDI.

Il m'embête, ton petit.

ADÈLE.

Grand Dieu !... Un estimable bourgeois, un électeur de l'arrondissement de Sceaux, me fait présent devant la municipalité de son nom ; en échange de ce don, je brise son bonheur, j'abandonne son eau de Cologne ; et quand je fais disparaître de chez lui une ménagère, qui fait son dîner, qui raccommode ses habits, je lui laisse à la place un bambin insupportable dont les jeux et les cris vont l'empêcher de dormir ! Sais-tu, Batardi, que ce serait infâme. (*Elle s'assied sur le bras d'un fauteuil.*)

BATARDI.

Tu me casses les bras!

ADÈLE.

Non, c'est celui du fauteuil.

BATARDI.

Adèle, le fiacre est l'heure.

ADÈLE.

Je reste.

BATARDI.

Et moi aussi.

ADÈLE.

Tu veux donc mourir?

BATARDI.

Non.

ADÈLE.

Tu veux donc vivre?

BATARDI.

Non.

ADÈLE.

Ni vivre, ni mourir?

BATARDI.

Quelle existence d'homme! (*On entend frapper.*) On frappe à la porte bâtarde, tout cela parce que je suis bâtard.

ADÈLE.

C'est lui! je reconnais sa manière de frapper! il monte l'escalier.

BATARDI.

Je vais le descendre.

ADÈLE.

Ah! quel degré de perversité! grace! grace! puisque tu ne peux plus te sauver, sauve ma réputation, fais de moi une femme honnête.

BATARDI.

Quel embarras!... ah!... une idée! tu ne m'en voudras pas?

ADÈLE.

Je te donne carte blanche.

BATARDI.

Je ne la perds pas.

GROSLAI, *en dehors*.

Ouvrez! ouvrez, ma femme!

BATARDI.

Tu pourrais dire notre femme.

GROSLAI, *passant sa tête à travers l'œil de bœuf*.

Ma femme.

BATARDI, *qui a tiré son eustache, en frappe Adèle*.

Tiens! regarde!

ADÈLE, *tombant*.

Ça ne me fait pas mal, mais c'est égal. A l'assassin!... à la garde!...

SCÈNE III.

LES MÊMES, GROSLAI ET DEUX AMIS.

(*Ils sont en marchands de bœufs et couverts de poussière.*)

GROSLAI.

Misérable!... je t'ai vu par mon œil de bœuf.

BATARDI.

Elle me résistait... je l'ai poignardée avec cet eustache.

(*Il jette son eustache par terre.*)

GROSLAI.

Elle est innocente!.. Ah! monsieur, que vous me rendez heureux! Ma chère Adèle, reçois mes larmes de douleur et de joie! une femme si fidèle ne pouvait pas vivre.

ADÈLE, *se levant*.

C'est ce qui vous trompe, elle le pouvait.

GROSLAI.

Tu n'es pas morte?

ADÈLE.

Pas si bête... l'eustache a glissé sur mon busc. Vous m'avez soupçonnée, je vous pardonne ce coup de tête...

Et vous, Bâtardi, je vous pardonne le coup de couteau en faveur du coup de théâtre.

AIR : *L'hymen est un lien charmant.*

L'hymen est un lien charmant,
BATARDI.
Utile et souvent dramatique,
GROSLAI.
Lorsque la femme est romantique,
ADÈLE.
Et que l'époux est bon enfant.
BATARDI.
C'ménag' d'un classique exemplaire
Finit bien mieux qu'au boulevard ;
Pour moi seul le sort est sévère,
Mais j'pourrai me tirer d'affaire,
Si le pauvre petit bâtard
Dans chacun de vous trouve un père.

FIN.

PIÈCES NOUVELLES

Publiées par Barba.

LA FAMILLE IMPROVISÉE, scènes épisodiques, par M. Henry Monnier.
NORMA, tragédie, par M. Soumet.
FIFI LECOQ, ou une Visite domiciliaire.
L'INCENDIAIRE, ou la Cure et l'Archevêché, dr. en 3. act.
LE BOA, comédie-vaudeville en un acte.
LA LETTRE DE CACHET, ou les Abus de l'Ancien Régime, mélodrame en trois actes, par M. Pigault-Lebrun.
M. CAGNARD, ou les Conspirateurs, folie du jour.
LE CHARPENTIER, ou Vice et Pauvreté, vauder. pop.
LE MARÉCHAL BRUNE, ou la Terreur de 1815.
MONSIEUR MAYEUX, ou le Bossu à la Mode.
MADAME LAVALETTE, drame historique en deux actes.
BONAPARTE A L'ÉCOLE DE BRIENNE, ou le Petit Caporal, souvenirs de 1783, en trois tableaux.
NAPOLÉON, pièce historique en trois parties, mêlée de chants, suivie d'un épilogue.
NAPOLÉON, ou Schœnbrunn et Ste-Hélène, dr. hist.
L'EMPEREUR, évènemens historiques.
LE COCHER DE NAPOLÉON, vauder.-anecd. en 1 act.
VOLTAIRE CHEZ LES CAPUCINS.
MONSIEUR DE LA JOBARDIÈRE, ou la Révol. impr.
27, 28 ET 29 JUILLET, tableau épisod. des trois journ.
LA FAMILLE DE L'APOTHICAIRE, ou la Petite Prude.
LES DRAGONS ET LES BÉNÉDICTINES, comédie en un acte, par M. Pigault-Lebrun, nouvelle édition.
LES DRAGONS EN CANTONNEMENT, ou la Suite des Bénédictines, comédie en un acte et en prose, par M. Pigault-Lebrun, nouvelle édition.
FAVRAS, épisode de 1789, en 5 actes, par MM. Merville et Sauvage.

L'AMPHIGOURI, salmis dramatique en quatre actions.
CAMILLE DESMOULINS, drame en 5 actes.
LA POUPÉE, comédie-vaudeville
LÉONTINE, drame de M. Ancelot.
LA MORTE, ou Départ et Retour, drame en quatre parties.
MONSIEUR CHAPOLARD, ou le Lovelace dans un grand embarras.
BATARDY, parodie d'Antony.
LA FÊTE DE MA FEMME, vaudeville en un acte.
LE TE DEUM ET LE TOCSIN, ou la route de Rouen.
L'IVROGNE, drame grivois, mêlé de couplets.
DOMINIQUE, ou la Brouette du Vinaigrier, drame de Mercier, remis en un acte avec des couplets.
UN DIVORCE, drame en un acte, mêlée de chants, de M. Ancelot.

www.ingramcontent.com/pod-product-compliance
Lightning Source LLC
Chambersburg PA
CBHW070657050426
42451CB00008B/395